Meine Schreib-werkstatt

Meine Schreib-werkstatt

Mit fantastischen Geschichten von: ....

....

Inhalt

Werkzeugkasten

Über dieses Buch

In diesem Buch gibt es viel Platz für deine eigenen Geschichten sowie zahlreiche Tipps, wie du eine tolle Schriftstellerin oder ein toller Schriftsteller wirst. Du kannst entweder sofort mit dem Schreiben loslegen oder aber zunächst den „Werkzeugkasten" auf den Seiten 82 bis 95 durchlesen. Dort findest du allgemeine Ratschläge zum Thema Schreiben und hilfreiche Checklisten.

Hier kannst du den Titel für deine Geschichte hinschreiben.

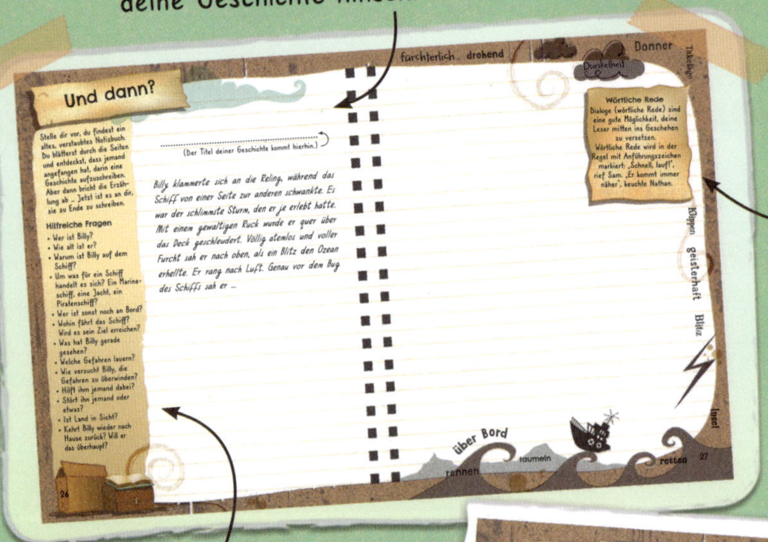

Auf einigen Seiten findest du hilfreiche Schreibtipps.

Hier stehen Vorschläge für deine Geschichten und Fragen, die dir bei der Planung deiner Erzählung helfen.

Auf einigen Seiten findest du Listen mit interessanten Wörtern, die nützlich sein könnten.

Du brauchst:

Bleistifte

... und einen Radiergummi

Stifte

ein Wörterbuch

(und vielleicht ein Synonymwörterbuch)

dein Gehirn

Papier, um Ideen zu notieren, deine Geschichten zu planen und alle Geschichten zu Ende zu schreiben, die nicht in dieses Buch passen.

... und einige Ideen.

Schreib-werkstatt

(Schreibe die Titel deiner Geschichten hier auf.)

Inhaltsverzeichnis deiner Geschichten

Erste Schritte

Damit du gleich mit deiner ersten Geschichte loslegen kannst, findest du hier einen Entwurf. Vervollständige ihn mit weiteren Einzelheiten.

Wähle Figuren, Schauplätze oder Handlungen aus den Listen auf diesen beiden Seiten oder erfinde eigene.

Vorschläge für Figuren

- Clown
- Astronautin
- Schulkind
- Superschurke
- Fee
- freche Zwillinge
- Elefantenbaby
- Entdeckerin
- Ritter
- sprechende Katze
- übellaunige Riesin
- einsames Waisenkind
- Polizist
- Spitzensportler
- Tänzer
- Opernsängerin
- freundlicher Dinosaurier
- listige Detektivin
- Langstreckenläuferin
- Puppenspieler

(Der Titel deiner Geschichte kommt hierhin.)

....

Es war einmal ein(e) ...

(Beschreibe hier deine Hauptfigur.)

Er/sie/es lebte in .../ging zu .../kam nach ...

(Beschreibe hier deinen Schauplatz.)

Eines Tages ...

(Es passiert etwas und damit beginnt die Geschichte.)

Und so ...

(Was macht deine Hauptfigur als Nächstes?
Was möchte sie damit erreichen?)

Aber ...

(Etwas läuft schief.)

Dann ...

(Wie versucht deine Hauptfigur das Problem zu lösen?)

Schließlich ...

(Ist deine Hauptfigur erfolgreich?)

Am Ende ...

(Finde hier einen Schluss für deine Geschichte.)

Vorschläge für Schauplätze

- Spukschloss
- dunkler Wald
- vor langer Zeit
- einsame Insel
- Sportstadion
- Zukunftsstadt
- kleine Hütte
- Internat
- Badeort
- geheimnisvolle Ruine
- unterirdisches Labyrinth
- Schlaraffenland
- Piratenschiff
- Museum

Mögliche Anfangssituationen

Die Hauptfigur ...

- geht auf eine Reise
- findet eine Schatzkarte
- merkt, dass sie fliegen kann
- tritt auf einer Bühne auf
- geht einkaufen
- nimmt an einem Wettbewerb teil
- reist in ein komisches Land
- findet eine neue Freundin
- erhält eine Einladung
- findet einen Zauberstift
- will eine Party geben
- entdeckt eine Geheimtür
- läuft von zu Hause fort
- wird unsichtbar
- zieht um

Der Geschichtenberg

Alle Geschichten brauchen einen Anfang, einen Mittelteil und einen Schluss. Bevor du mit dem Schreiben einer Geschichte anfängst, solltest du einen groben Entwurf anfertigen, was in den einzelnen Teilen passiert. Du könntest dir deine Geschichte als einen Berg vorstellen, so wie hier:

Anfang
Stelle deine Figuren vor und beschreibe den Schauplatz.

Entwicklung
Deinen Figuren passiert etwas, womit die Handlung beginnt.

Problem
Etwas läuft schief: ein rätselhafter Vorfall, ein dramatisches Ereignis oder eine Meinungsverschiedenheit.

Lösung
Das Problem wird gelöst.

Schluss
Die Erzählstränge der Geschichte werden zu Ende geführt.

Schreibe nun einen Entwurf für eine Kurzgeschichte.

Anfang	
Entwicklung	
Problem	
Lösung	
Schluss	

Schreibe auf diese Seite deine Geschichte und folge dabei deinem Entwurf.

(Der Titel deiner Geschichte kommt hierhin.)

....

Rauf und Runter

Wenn du einen Entwurf für eine längere Geschichte anfertigst, sollte deine Hauptfigur vielleicht nicht nur einem Problem begegnen. In diesem Fall hätte dein Geschichtenberg mehrere Gipfel oder Höhepunkte.

Figuren erfinden

Wenn du eine Geschichte schreibst, brauchst du interessante und glaubwürdige Figuren, die die Aufmerksamkeit der Leserinnen und Leser fesseln.

Du brauchst den Leserinnen und Lesern nicht alles über deine Figuren zu erzählen, aber je mehr du selbst über sie weißt, desto überzeugender sind sie.

Um mit der Ausarbeitung einer Figur zu beginnen, fülle das Diagramm auf dieser Seite aus und beschreibe deine Figur.

Wer oder was ist er, sie oder es?

Name:

Aussehen:

Charakter:

Ziele und Absichten:

Vorlieben und Abneigungen:

Stärken und Schwächen:

(Der Titel deiner Geschichte kommt hierhin.)

Ein Tag im Leben

Wenn du entschieden hast, wie deine Figur sein soll, kommt es darauf an, was sie in verschiedenen Situationen sagt oder tut. Stelle dir den merkwürdigsten und tollsten Tag im Leben deiner Figur vor und schreibe eine Geschichte über diesen Tag.

....

Taten statt Worte

Um deine Figur lebendig wirken zu lassen, beschreibe am besten, was sie tut. So brauchst du gar nicht zu erzählen, dass eine Figur großzügig ist, sondern du lässt sie einfach etwas Großzügiges tun oder sagen.

Weitere Hinweise zur Ausarbeitung deiner Figuren findest du auf Seite 86.

Und wo, bitte?

Egal ob deine Geschichte in der Wirklichkeit oder in einem fantastischen Königreich, an Bord eines Piratenschiffs oder in einem Spielzeugladen spielt, du gestaltest sie lebendiger, wenn du den Schauplatz genau beschreibst. Hier ist eine Übung zum Aufwärmen:

Jemand, der noch nie bei dir war, möchte dich besuchen. Verfasse einen Brief an diese Person und beschreibe darin dein Zuhause.

Stelle dir vor, dein Gast kommt aus einem fernen Land oder vielleicht sogar aus einer anderen Welt.

Für dich ist dein Zuhause eine vertraute Umgebung, aber wie würde es für einen Fremden aussehen oder riechen? Wie würde es sich anhören oder anfühlen?

Gibt es ungewöhnliche Gegenstände oder Regeln in deinem Zuhause, die einem Fremden erklärt werden müssen?

Liebe(r) ....

Ein Schul-tagebuch

Wenn du dich in eine Figur hineinversetzen möchtest, ist es hilfreich, so zu schreiben, als würde deine Figur eine Geschichte über sich selbst erzählen, z. B. in einem Brief oder Tagebuch.

Das bedeutet, dass du von der Figur nicht als „er" oder „sie" schreibst, sondern aus der „Ich"-Perspektive erzählst.

Schreibe in diesem Tagebuch auf, was deine Figur in ihrer ersten Woche in einer neuen Schule erlebt.

Hilfreiche Fragen

- Was für eine Schule ist es?
- Wie sind die Lehrerinnen und Lehrer?
- Wo ist die Schule?
- Welche Klassen gibt es?
- Wie unterscheidet sich die neue Schule von der alten?
- Mit wem möchte sich deine Figur anfreunden?
- Gibt es jemanden, den sie mag?
- Meldet sie sich zu AGs an?
- Gerät sie in Schwierigkeiten?
- Findet nächste Woche etwas statt, worauf sich die Figur freut oder wovor sie Angst hat?

Montag:

Dienstag:

Mittwoch:

Schulhof
beste Freundin
Bibliothek
nervös
Mathearbeit
größter Feind
zu spät zum Unterricht
pfuschen
Lieblingsschüler
Hausaufgaben
Klassenclown
Internat
clever
Bunsenbrenner
nachsitzen
Note 1
drängeln
Umkleide

Fünf Unterrichtsstunden, die ich gut fand:

Donnerstag:

Freitag:

Wochenende:

Am besten befreundet bin ich mit:

Um wen geht's?

(Der Titel deiner Geschichte kommt hierhin.)

....

Eine Geschichte kann sich ganz anders anhören, wenn du den Erzählschwerpunkt auf eine andere Figur verlegst. *Aschenputtel* wird in der Regel aus Aschenputtels Perspektive erzählt. Doch was wäre, wenn jemand anders die Hauptfigur wäre? Versuche, die Geschichte aus der Sicht einer der folgenden Figuren zu erzählen:

die gute Fee

die böse Stiefmutter

der edle Prinz

eine der gemeinen Stiefschwestern

Wichtige Fragen

- Wie denken die anderen Figuren über Aschenputtel?
- Stimmt die ursprüngliche Geschichte überhaupt? Ist die Stiefmutter wirklich so böse? Wie edel ist der Prinz? Ist die gute Fee wirklich gut?
- Wie fühlt sich deine Figur am Ende der Geschichte?

Nur zur Erinnerung:

1. Aschenputtel lebt mit ihrem Vater, ihrer Stiefmutter und ihren zwei Stiefschwestern zusammen.
2. Sie erledigt die ganze Hausarbeit.
3. Die Stiefschwestern gehen zu einem Ball, aber Aschenputtel hat kein passendes Ballkleid und muss zu Hause bleiben.
4. Glücklicherweise kommt ihr eine gute Fee zu Hilfe und zaubert ihr ein wunderschönes Kleid und eine Kutsche herbei.
5. Aschenputtel darf zum Ball, aber nur bis Mitternacht, denn dann verwandelt sich ihr Festgewand wieder in Lumpen.
6. Auf dem Ball tanzt Aschenputtel mit dem Prinzen und sie verlieben sich ineinander.
7. Es schlägt Mitternacht und Aschenputtel läuft davon. Sie verliert dabei einen Schuh.
8. Der Prinz möchte das Mädchen heiraten, dem dieser Schuh passt, und er sucht im ganzen Königreich nach ihm.
9. Den gemeinen Schwestern passt der Schuh nicht, aber er passt Aschenputtel.
10. Aschenputtel heiratet den Prinzen und sie leben glücklich bis an ihr Lebensende ... Oder etwa nicht?

Hinweis

Wenn du eine Geschichte aus der Sicht einer bestimmten Figur erzählst, kannst du nur über Dinge schreiben, die deine Figur gesehen oder gehört hat. Schilderst du Dinge, die sie nicht wissen kann, wird die Geschichte weniger glaubhaft.

Und dann?

Stelle dir vor, du findest ein altes, verstaubtes Notizbuch. Du blätterst durch die Seiten und entdeckst, dass jemand angefangen hat, darin eine Geschichte aufzuschreiben. Aber dann bricht die Erzählung ab ... Jetzt ist es an dir, sie zu Ende zu schreiben.

Hilfreiche Fragen

- Wer ist Billy?
- Wie alt ist er?
- Warum ist Billy auf dem Schiff?
- Um was für ein Schiff handelt es sich? Ein Marineschiff, eine Jacht, ein Piratenschiff?
- Wer ist sonst noch an Bord?
- Wohin fährt das Schiff? Wird es sein Ziel erreichen?
- Was hat Billy gerade gesehen?
- Welche Gefahren lauern?
- Wie versucht Billy, die Gefahren zu überwinden?
- Hilft ihm jemand dabei?
- Stört ihn jemand oder etwas?
- Ist Land in Sicht?
- Kehrt Billy wieder nach Hause zurück? Will er das überhaupt?

....

(Der Titel deiner Geschichte kommt hierhin.)

Billy klammerte sich an die Reling, während das Schiff von einer Seite zur anderen schwankte. Es war der schlimmste Sturm, den er je erlebt hatte. Mit einem gewaltigen Ruck wurde er quer über das Deck geschleudert. Völlig atemlos und voller Furcht sah er nach oben, als ein Blitz den Ozean erhellte. Er rang nach Luft. Genau vor dem Bug des Schiffs sah er ...

fürchterlich drohend Donner

Dunkelheit

Takelage

Wörtliche Rede

Dialoge (wörtliche Rede) sind eine gute Möglichkeit, deine Leser mitten ins Geschehen zu versetzen.

Wörtliche Rede wird in der Regel mit Anführungszeichen markiert: „Schnell, lauf!", rief Sam. „Er kommt immer näher", keuchte Nathan.

Klippen

geisterhaft

Blitz

Insel

über Bord

taumeln

rennen

retten

blinder Passagier

Schiffskatze

Geisel

Schatz

Riesenwelle

Spannung

Überraschung

Seeungeheuer

Tagtraum

Flucht

wegrennen

Überlebende

Gefahr

Kapitänin

Schwierig-
keiten

plötzlich

Jedes Bild erzählt eine Geschichte

Schreibe eine Geschichte zu dem Bild auf der rechten Seite. Du kannst über die ganze Szene schreiben oder nur über einen bestimmten Teil, der dir besonders ins Auge springt. Du kannst sogar über etwas schreiben, das gar nicht auf dem Bild zu sehen ist.

Hilfreiche Fragen

- Wo befindet sich das Zimmer? In einer Villa oder in einem Bungalow? Auf dem Land oder am Rande einer Stadt? Oder in einem Computerspiel?
- Wer ist die alte Dame? (Wenn sie überhaupt eine alte Dame ist …)
- Wer ist der Mann vor dem Fenster und was macht er?
- Was liegt auf der anderen Seite der Berge in der Ferne?
- Was macht der Adler in dem Zimmer?
- Was haben die Mäuse vor?
- Wohin führt der Gang hinter dem Bücherregal?
- Wer ist die Frau auf dem Gemälde?
- Wem gehört die Kristallkugel, die auf dem Tisch steht?

Dein eigenes Märchen

Es war einmal ...
So fangen alle Märchen an. Entscheide, wie es weitergeht. Die Listen bieten dir Anregungen.

Mögliche Figuren

- Prinz
- Prinzessin
- gute Fee
- Meerjungfrau
- Menschenfresser
- böse Königin
- großer, böser Wolf

Schauplätze

- Zauberschloss
- unterirdische Höhle
- geheimnisvoller Wald
- Pfefferkuchenhaus
- bodenloser Brunnen
- Seerosenblatt
- Königreich auf dem Meeresgrund

Gegenstände

- fliegender Teppich
- Zauberring
- gläserner Schuh
- allwissender Spiegel
- Kristallkugel
- Spinnrad
- Zauberstab

Es war einmal ...

Situationen

Die Hauptfigur ...

- muss nach etwas suchen
- sehnt sich nach einer Freundin
- findet etwas Verzaubertes
- erhält eine Einladung
- bekommt unerwarteten Besuch
- kommt in ein seltsames Land
- träumt von Reichtum

Schwierigkeiten

Die Figur ...

- wird gefangen genommen
- wird verzaubert
- verirrt sich
- wird verletzt
- begegnet einem Feind
- wird für jemand anderes gehalten

Märchenhaftes Ende

- Hochzeit
- Feinde werden Freunde
- Tod des Drachens
- Rückkehr nach Hause
- Lösung eines Rätsels
- Ruhm und Reichtum

Unheil

ungeheuerlich

feuerspuckend

glitzernd

verhext

Diener

funkelnd

einen Wunsch frei haben

golden

furchteinflößend

Rauchwolke

fröhlich Abrakadabra

verflucht

verzaubert

wunderschön

hämisches Lachen

stattlich

Krone

bis an ihr Lebensende

flattern

verwunschen

Comicstrip

Hier findest du einen halb fertigen Comicstrip über zwei junge Piraten, die sich auf eine spannende Schatzsuche begeben.

Die Bilder sind gezeichnet, aber was sagen die Figuren?

Jetzt bist du an der Reihe! Schreibe passende Dialoge in die Sprechblasen und erzähle die Geschichte zu Ende.

Fortsetzung...

6
7
8

9

10

11

Zeitreise

Stelle dir vor, man könnte durch die Zeit reisen. Wähle eine Zeit und einen Ort, die du besonders interessant findest, und schreibe eine Geschichte über eine Reise dorthin.

Wichtige Fragen

- Wer reist durch die Zeit und wie? Passiert es aus Versehen? Oder mit einer Zeitmaschine? Wenn ja, was passiert, wenn die Maschine ausfällt?
- Wohin reisen deine Figuren? Und in welche Zeit?
- Wollen sie ein Rätsel lösen, Technologien aus der Zukunft mitbringen oder den Lauf der Geschichte beeinflussen?
- Welche Probleme und Gefahren lauern auf sie?
- Treffen die Figuren historische Persönlichkeiten?
- Wie leben die Menschen in der Zeit, über die du schreibst?
- Wie kleiden sie sich und wie bewegen sie sich fort?
- Kehren deine Figuren am Ende in ihre eigene Zeit zurück?

Über diese Zeiten und Orte könntest du schreiben:

- **Zeitalter der Dinosaurier**

- **Steinzeit**

- **altes Ägypten**

- **Mittelalter**

- **19. Jahrhundert**

- **Zukunft**

Besonderheiten der Zeit

Deine Geschichte wird noch lebendiger, wenn du das Leben in der jeweiligen Zeit genau beschreibst. Wie kommunizieren die Menschen, wie wohnen sie und was essen sie?

Aber halte dich nicht zu lange mit der Beschreibung des Schauplatzes auf. Viel wichtiger ist, was die Figuren erleben.

Familienerbe

Stelle dir vor, deine Familie erbt plötzlich ganz viel Geld von einem lange verschollenen Onkel und ihr werdet von einem Tag auf den anderen sehr reich.

Die Sache hat jedoch einen Haken: Ihr erbt noch etwas anderes. Etwas, das euer Leben total auf den Kopf stellt. (Was das ist, kannst du selbst entscheiden.)

Hilfreiche Fragen

- Was kaufst du dir als Erstes von dem vielen Geld?
- Streitet deine Familie sich darüber, wie das Geld aufgeteilt werden soll?

- Was erbst du?

Ein Baby?
Eine grantige Großmutter?
Ein gefährliches Tier?
Einen Brief mit einem Familiengeheimnis?
Ein gruseliges altes Haus?

....

zanken

scherzen

Sofa

Fehde

Rivalität

Halbschwester

Stiefvater

angeben

meckern

Enthüllung

Geheimnis

Verdacht

Millionär

Luxuskreuzfahrt

Schreck

geheime Vergangenheit

Superkräfte

Schreibe eine Geschichte über eine Figur mit einer übermenschlichen Fähigkeit. Die Figur sollte jedoch auch ein oder zwei Schwächen aufweisen und eine Feindin oder einen Feind haben, die oder den es zu besiegen gilt. Wenn alles zu einfach ist, dann wird die Geschichte schnell langweilig.

Mögliche Fähigkeiten

- die Fähigkeit, zu fliegen
- Unverwundbarkeit
- Unsichtbarkeit
- die Fähigkeit, das Wetter zu beeinflussen
- Telepathie (kann Gedanken lesen)
- Telekinese (kann Gegenstände bewegen, ohne sie zu berühren)

Fragen

- Wo spielt die Geschichte?
- Wie bekommt deine Figur ihre Fähigkeiten?
- Bringen diese Superkräfte Nachteile mit sich?
- Wofür setzt deine Figur ihre Fähigkeiten ein? Um Verbrechen zu bekämpfen? Um reich zu werden? Für etwas anderes?
- Hat die Feindin oder der Feind deiner Figur auch Superkräfte?
- Was ist das Hauptziel deiner Figur? Kann sie es erreichen?

Superverben

Verwende bei der Beschreibung der Handlung ausdrucksstarke, packende Verben (Tuwörter), um die Geschichte noch spannender zu machen. Schreibe anstelle von „sie sprang“ besser „sie hechtete“; „er raste“ hört sich dynamischer an als „er lief schnell“.

Das große Finale
Damit deine Geschichte bis zum Schluss spannend bleibt, lass es zu einer letzten Gegenüberstellung deiner Figur mit ihrem größten Feind kommen. Wähle dafür einen dramatischen Schauplatz wie z.B. das Versteck des Schurken.

Tierabenteuer

Schreibe etwas über eine Gruppe von Waldtieren. Eines Tages erfahren sie, dass die Menschen den Wald abholzen wollen, um ein Einkaufszentrum zu bauen. Der Lebensraum der Tiere soll zerstört werden. Wie könnte es weitergehen?

Fragen:

- Welche Tiere leben in dem Wald? Ist es eine Gruppe derselben Tierart? Oder sind sie verfeindet und müssen jetzt zusammenhalten?
- Wie sieht ihr Lebensraum aus? Gibt es Bäume zum Hochklettern oder dichtes Unterholz zum Verstecken? Ist es heiß und feucht oder kalt und trocken?
- Können die Tiere Gefahren erschnüffeln? Können sie Dinge sehen oder hören, die für Menschen unsichtbar oder unhörbar sind?
- Wie sehen die Tiere aus?
- Haben sie schleimige Schuppen, weiche Pfoten oder messerscharfe Zähne?
- Wie bewegen sie sich fort?
- Siegen die Tiere am Ende oder müssen sie sich ein neues Zuhause suchen?

Tierisch gute Ideen

Manchmal kann ein interessanter Fakt die Idee für eine packende Geschichte liefern. Informiere dich genauer über die Tiere, die in deiner Geschichte vorkommen.

seidenweiches Fell

krabbeln

Gefahr

starr vor Schreck

knurren

Unterholz

winseln

Zähne fletschen

springen

Bau

kriechen

glitschige Haut

Panik

stark

furchteinflößend

geschützt

raue Zunge

scharfer Blick

Wer war's?

Ein Milliardär wird tot in seiner Villa aufgefunden. Er wurde vergiftet. Aber wer hat es getan? Eine Ermittlerin wird an den Tatort gerufen, um den Fall zu untersuchen.

Beschreibe in deiner Geschichte, wie der Mord aufgeklärt wird.

Wenn du mit dem Schreiben anfängst, solltest du wissen, wer den Mord begangen hat, aber lass deine Leser ruhig ein bisschen im Dunkeln tappen.

Fragen

- Wie geht die Ermittlerin bei der Arbeit vor? Gründlich und wissenschaftlich? Hat sie eine Assistentin? Entlockt sie der Täterin oder dem Täter ein Geständnis?
- Wer hat den Mord begangen?
- Was war der Grund?
- Versucht die Täterin oder der Täter den Verdacht auf eine andere Person zu lenken?
- Welche Hinweise führen zur Aufklärung des Falls?
- Wird die Täterin oder der Täter am Ende überführt?

Motiv:
Der Grund für ein Verbrechen.

Mögliche Motive sind Rache, Geldgier oder Gefühle wie Eifersucht, Hass oder Liebe.

Verdächtige:
Alle, die ein Motiv und eine Gelegenheit haben, das Verbrechen zu begehen.

Lass deine Leser ein wenig raten, indem du mehrere Verdächtige mit verschiedenen Motiven auftreten lässt.

Beweise:

Die Informationen und Hinweise, die Ermittlerinnen und Ermittler zusammentragen, um die Schuldigen zu überführen.

Hierzu gehören Fingerabdrücke, Kleidungsstücke, Lippenstiftspuren auf einem Glas oder die Tatwaffe.

Alibi:
Der Nachweis, dass eine verdächtige Person sich zur Tatzeit an einem anderen Ort aufgehalten hat.

Polizeiabsperrung Polizeiabsperrung Polizeiabsperru

Polizeiabsperrung Polizeiabsperrung Polizeiabsperrung Polizeiabsper…

Polizeiwache

observieren

Gier

Testament des Milliardärs

verdächtig

Privatermittlerin

DNA

Alibi

Rechtsmedizinerin

Vergrößerungsglas

Befragung

Fußspuren

Inspektor

Polizeiabsperrung

Polizeiabsperrung

Polizeiabsperrung

Verfolgungsjagd

Mikroskop

Schauspielschule

Du bist gerade an der berühmtesten Schauspielschule der Welt angenommen worden. Am ersten Tag erfährst du, dass alle neuen Schülerinnen und Schüler am Ende der Woche etwas aufführen müssen. Könnt ihr rechtzeitig eine gute Show zusammenstellen?

Fragen

- Wen lernst du als Erstes kennen?
- Was macht dir am meisten Spaß? Ballett, Theater, Stepptanz, moderner Tanz, Gesang?
- Wie findest du die Lehrerinnen und Lehrer?
- Was werdet ihr aufführen?
- Welche Rolle hast du? Schauspielen, Tanzen, Singen, Regie, Bühnenbild?
- Gibt es Streit?
- Welches Kostüm trägst du?
- Wo findet die Aufführung statt und wer schaut zu?
- Gibt es Hindernisse auf dem Weg zu deinem großen Traum? Eine Rivalin oder einen Rivalen? Ein verlorengegangenes Kostüm? Einen Unfall?
- Klatscht das Publikum begeistert Beifall oder werdet ihr ausgebuht?

Hauptrolle

Zweitbesetzung

Trikot

Rampenlicht

Training

Idol

Bühne

Dehnübungen

Cafeteria

Freistunde

Klavier

Kostüm

Katastrophe

Vorhang

Diva

Endspiel

Nur noch eine Minute bis zum Ende des Finales und der Spielstand ist unentschieden. Wer wird gewinnen?

Beschreibe die letzten nervenaufreibenden Sekunden.

Fragen

- Um welche Sportart handelt es sich?
- Was für ein Wettkampf ist es? Ein Schulturnier oder eine Weltmeisterschaft?
- Sind die beiden Mannschaften seit Langem erbitterte Rivalen?
- Erzählst du die Geschichte aus der Sicht eines Spielers, einer Trainerin oder eines Fans, der sein Team vom Spielfeldrand aus anfeuert?
- Wie ist das Wetter? Strahlender Sonnenschein oder eiskalter Regen?
- Was passiert, wenn kein Treffer mehr erzielt wird?
- Halten sich alle an die Regeln?
- Sind die Fans mit den Entscheidungen des Schiedsrichters einverstanden?
- Wird in letzter Minute eine Auswechslung vorgenommen?
- Wer gewinnt das Spiel und auf welche Weise?

....

Mit Augen und Ohren

Nutze alle deine Sinne, um die Spannung des Spiels einzufangen. Beschreibe das Aufbrausen der Menge und die ausgelassene Stimmung, wenn der Siegtreffer fällt.

Angriff

Ersatzspielerin

Herausforderung

Verfolgungsjagd

Täuschungs-
manöver

Schwalbe

Rückpass

überholen

abfangen

punkten

Wiederholung

Meisterschaft

treffen

Auf geheimer Mission

Stelle dir vor, du schaltest deinen Computer ein und die folgende E-Mail wird angezeigt:

> Betreff: Hilfe!
>
> Wichtigkeit: DRINGEND
>
> Wurde von feindlichen Agenten entführt. Begib dich umgehend zu Standort X und stelle die Akten sicher. Dann komm mich befreien. Befinde mich im Geheimversteck C. Vorsicht: Hasenfuß ist ein Doppelagent.
>
> Beeile dich!
> Seestern

Jetzt erzähle, was als Nächstes passiert.

Fragen

- Wo sind Standort X und das Geheimversteck C?
- Was steht in den Akten?
- Hast du einen Decknamen?
- Für wen oder gegen wen arbeitest du?
- Wer sind Seestern und Hasenfuß?
- Wie endet die Mission?

Weltweite Verschwörung

Spioninnen und Spione reisen oftmals um die ganze Welt. So hast du eine riesengroße Auswahl an aufregenden Schauplätzen. Führe deine Figuren in eine alte Stadt in Nordafrika, in ein elegantes Café in Paris, in einen geheimen unterirdischen Bunker oder ganz nach oben auf das Empire State Building.

Geheimbund

infiltrieren

Doppelagentin

enttarnen

Computerdateien

Kampfsport

Prototyp

Geheimwaffe

verdeckte Ermittlungen

Auftrag ausführen

Countdown

selbstzerstörend

geheime Mission

Sporttauchen

Codewort

Hubschrauber

anonymer Hinweis

knapp entkommen

Geheimdienst

Deckmantel

Unterschlupf

Ausritt

Es ist Sommer und du arbeitest auf einem nahegelegenen Ponyhof. Eines Tages erlaubt dir dein Chef, auf deinem Lieblingspony auszureiten.

Du möchtest ein kleines Picknick machen, steigst ab und bindest das Pony an einen Baum. Aber der Knoten löst sich und das Pony läuft davon!

Wie geht es weiter?

Fragen

- Wohin läuft das Pony? Bist du auf dem Land oder am Rande einer Stadt?
- Wem gehört das Pony? Was passiert, wenn du es nicht wiederfindest?
- In welche gefährlichen Situationen gerätst du oder das Pony? Gibt es in der Nähe eine stark befahrene Straße, einen dunklen Wald oder einen reißenden Fluss?
- Hilft dir jemand bei der Suche nach dem Pony?
- Versucht jemand, dich an der Suche zu hindern?
- Findest du das Pony unversehrt wieder?
- Wie reagiert dein Chef (falls du ihm von der Geschichte erzählst)?

....

Reithelm
Zügel
wiehern
Gerte
Galopp
ausmisten
Hengst
Wald
schmaler Pfad
Sattel
Hufeisen
Flucht
Zaumzeug
schnelle Autos
verschwitzt
Hufabdrücke
matschig

Film ab!

Stelle dir vor, eine Hollywood-Produzentin in einem eleganten Hosenanzug klopft an deine Tür. Sie lächelt dich mit ihren blendend weißen Zähnen an und sagt, dass sie tolle Neuigkeiten für dich habe. Eine deiner Geschichten soll verfilmt werden. Juhu!

Zunächst müssen jedoch noch wichtige Entscheidungen getroffen werden: Wer soll die Figuren deiner Geschichte auf der Leinwand darstellen?

Wähle eine deiner Geschichten aus und überlege dir eine Besetzung für alle Figuren, die darin vorkommen. Wie wäre es mit einer berühmten Schauspielerin, deinem besten Freund oder deinen Familienangehörigen?

BESETZUNGSLISTE

- ....
- ....
- ....
- ....
- ....
- ....
- ....
- ....
- ....
- ....
- ....
- ....
- ....
- ....
- ....
- ....

Suche auch einige Lieder für die Filmmusik aus.

Notiere auf dieser Seite interessante Wörter, die du irgendwo aufgeschnappt hast.

Werkzeug-kasten

Auf den folgenden Seiten findest du viele Tipps, mit denen du deine Geschichten planen und verbessern kannst. Außerdem hast du genug Platz, um Wortlisten aufzuschreiben, die deine Fantasie beflügeln, und um Ideen für weitere Geschichten zu notieren.

Tolle Titel für tolle Geschichten

Manchmal hast du vielleicht schon einen genialen Titel für deine Geschichte im Kopf, bevor du überhaupt mit dem Schreiben anfängst. Manchmal wartest du jedoch lieber ab, wie sich die Erzählung entwickelt, bevor du dich für eine Überschrift entscheidest. Denke bei der Auswahl deines Titels stets daran, dass er die Leser neugierig auf den Inhalt deiner Geschichte machen soll.

Titel können das Interesse der Leser wecken, weil sie lustig sind wie *Der dicke fette Pfannkuchen*, weil sie geheimnisvoll sind wie *Der nachtschwarze Ritter*, weil sie neugierig machen wie *Als der Elefant seine Flügel verlor* oder weil sie fesselnd sind wie *Entführt*. Welche Titel von Geschichten, die du gelesen oder von denen du gehört hast, haben dir gefallen? Schreibe sie hier auf, damit du später nachschlagen kannst, wenn du dir deine eigenen Titel ausdenkst.

Denke dir so viele veschiedene Titel wie möglich aus.

Überlege dir Titel, die zu den folgenden Ideen passen.

Grundidee der Geschichte:	Mögliche Titel:
Die Abenteuer eines sprechenden Hundes 	
Ein Junge mit einem Dinosaurier als Haustier 	
Eine Prinzessin, die davon träumt, Astronautin zu werden 	

Am Anfang ...

Am Anfang deiner Geschichte stellst du deine Hauptfigur vor und dann passiert etwas, das die Geschichte in Gang bringt. Wenn du den Anfang deiner Geschichte verfasst, musst du versuchen, das Interesse der Leser zu wecken.

Möglichkeiten für den Anfang

- Lass am Anfang eine Person sprechen, sodass deine Leser direkt eine deiner Figuren „kennenlernen" und ihre Stimme hören:
  „Du kannst nicht von mir erwarten, dass ich in dieser Aufmachung ausgehe!", rief die Königin.
- Beginne mit einer actionreichen Szene:
  Diego trat aufs Gaspedal, doch der andere Fahrer holte immer weiter auf.
- Eröffne deine Geschichte mit der Beschreibung des Schauplatzes:
  Es war Mitternacht und das Mondlicht fiel durch die Bäume auf den Waldboden.

Nimm einen deiner Titel und probiere hier verschiedene Eröffnungssätze aus.

Grundlagen für später

Mache am Anfang deiner Geschichte bereits Andeutungen über Dinge, die später wichtig werden. Du könntest einen Hinweis geben, der im weiteren Verlauf bei der Aufklärung eines Geheimnisses eine Rolle spielt. Oder du könntest eine Schwäche deiner Schurkin oder deines Schurken erwähnen, die es deiner Hauptfigur ermöglicht, sie oder ihn am Ende zu bezwingen.

Achterbahn-Handlung

Der Mittelteil ist der längste Teil deiner Geschichte, hier spielt sich der Großteil der Handlung ab. Damit die Leserinnen und Leser von deiner Geschichte gefesselt bleiben, solltest du deiner Hauptfigur eine knifflige Aufgabe geben, die sie bewältigen muss. Wenn es ein Problem gibt, das zu weiteren Problemen führt, bleibt die Geschichte spannend. Stelle dir den Ablauf wie eine Achterbahnfahrt vor, bei der es rauf und runter geht.

So könnte die Achterbahnfahrt für eine Abenteuergeschichte aussehen:

2. Er bricht zu einer Erkundungstour auf.

4. Er entdeckt eine Holzbrücke.

6. Er landet unversehrt im Wasser.

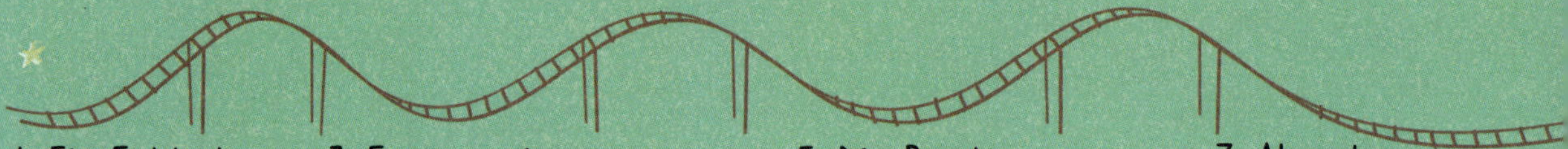

1. Ein Entdecker befindet sich im Dschungel.

3. Er muss einen breiten Fluss überqueren.

5. Die Brücke zerbricht unter seinem Gewicht.

7. Aber das Wasser ist voller Krokodile.

Hier ist der Anfang einer Geschichte. Fülle die leeren Felder aus und schreibe deine eigene Achterbahn-Handlung. Die Probleme können dramatisch und schrecklich sein oder einfach und realistisch, je nachdem, welche Art von Geschichte du schreiben möchtest. So könnte es z.B. sein, dass deine Hauptfigur etwas Peinliches sagt, das Problem jedoch dadurch gelöst wird, dass eine andere Figur einen Witz erzählt, um alle abzulenken.

2. In dem Umschlag findet er einen Lottoschein mit sechs richtigen Zahlen.

4.

6.

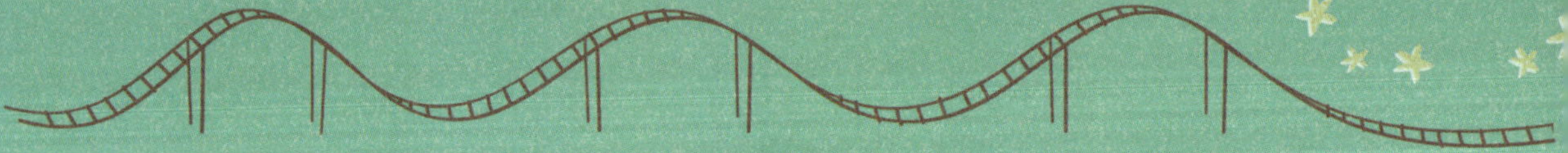

1. Ein Junge erhält einen Umschlag, auf dem sein Name steht.

3.

5.

7.

Denke daran, dass du deine Geschichte nicht endlos mit „und dann ...", „und dann ...", „und dann ..." fortsetzen kannst. Irgendwann musst du ein Ende finden.

Ende gut, alles gut?

Eine Geschichte zu einem Ende zu führen, bedeutet nicht einfach nur, das Wort „Ende" unten auf die Seite zu schreiben, wenn dir nichts mehr einfällt. Der Schluss muss die Leser zufriedenstellen wie der letzte Bissen einer köstlichen Mahlzeit. Die Probleme der Geschichte wurden gelöst und alle Erzählstränge zu Ende geführt. Allerdings heißt das nicht unbedingt, dass alle Figuren jetzt völlig problemfrei und glücklich sein müssen.

Hier findest du Beispiele für verschiedene Schlusssätze einer Geschichte. Fallen dir noch weitere ein? (Auf der rechten Seite stehen einige Fragen, die du beachten solltest.)

- Endlich waren sie zu Hause.
- Das Raumschiff flog davon und war gerade in Sicherheit, als der Planet unter ihm explodierte.
- ... und sie lebten glücklich bis an ihr Lebensende.
- Von da an tat er nie wieder etwas derart Gefährliches.
- Alle waren sich einig, dass dies ein äußerst ungewöhnlicher Tag gewesen war.
- Lukas staunte nicht schlecht. „Dann warst du das also die ganze Zeit!", rief er.

Wie endet die Geschichte?

- Hat die Geschichte ein glückliches oder ein trauriges Ende? Oder ist alles komplizierter?
- Endet die Geschichte mit einer unerwarteten Wendung?
- Kann die Hauptfigur ihre Probleme bewältigen?
- Siegt die Heldin oder der Held am Ende?
- Wird ein Geheimnis aufgeklärt?
- Sollen die Leserinnen und Leser durch die Geschichte etwas lernen?
- Bleiben am Ende noch Fragen offen?

Was du von anderen Autoren lernen kannst

Wenn du dir einen Schluss für deine eigenen Geschichten überlegst, kannst du deine Erfahrungen als Leserin oder Leser nutzen, um dich inspirieren zu lassen. Notiere dir Schlüsse, die du gelesen hast. Waren sie glücklich, traurig, überraschend oder witzig? Welche Gefühle haben sie in dir ausgelöst?

Starke Figuren

Beim Schreiben über Heldinnen, Schurken, seltsame Kreaturen oder ganz normale Menschen ist es ein guter Ansatz, starke und interessante Persönlichkeiten zu schaffen. Diese Figuren liefern dir oftmals spannende Impulse für deine Geschichten.

Hier sind einige Ideen für deine Figuren. Kannst du weitere hinzufügen, über die du später gern einmal schreiben würdest?

• eine Maus, die gegen Käse allergisch ist •

• ein seekranker Pirat • Zwillinge, die sich nicht leiden können •

• eine Zofe, die sich gegen die Königin auflehnt •

• eine Fee, deren Zaubereien immer schiefgehen •

• ein Mädchen, das sich ein Baumhaus baut •

• ein Junge, der viele verrückte Erfindungen macht •

Ideenbilder

Manchmal hilft es, wenn du deine Figuren zeichnest oder malst, um zu entscheiden, wie sie sein sollen.

Schauplatz und Atmosphäre

In deinen Geschichten erfindest du eine eigene Welt. Für deine Leserinnen und Leser wirkt sie besonders echt, wenn du die Schauplätze, die Geräusche und Gerüche genau beschreibst. Du kannst die Szenen auch so gestalten, dass sie etwas über die Atmosphäre in deiner Geschichte aussagen. So könntest du eine Strandparty als Schauplatz für eine heitere Geschichte wählen oder einen düsteren Wald für eine Gruselgeschichte.

Hier sind einige mögliche Schauplätze. Notiere darunter weitere Ideen für später.

• Unterwasserstadt • Drachenhöhle • Hockeyturnier • Dinosaurierzoo •

• einsame Insel • Tierrettungsklinik • mittelalterliches Schloss • Feenland • Wilder Westen •

Scharfe Beobachtung

Notiere dir interessante Merkmale von spannenden Orten, an denen du vorbeikommst. Du weißt nie, wann du diesen Schauplatz für eine deiner Geschichten gebrauchen kannst.

Spannend schreiben

Wenn es ans Schreiben geht, reichen eine fesselnde Handlung, glaubwürdige Figuren oder ein stimmungsvoller Schauplatz nicht aus: Die Worte, mit denen du sie beschreibst, tragen entscheidend dazu bei, wie viel Vergnügen die Leserinnen und Leser bei der Lektüre haben. Überlege dir daher interessante Adjektive (Wiewörter) und Verben (Tuwörter).

Adjektive:
Zu den gängigen Adjektiven gehören groß, klein, hässlich, schön, böse und gut. Aber es gibt so viele andere Eigenschaftswörter, dass du nicht immer dieselben verwenden solltest.

Ein kleines Tier ist ...

- winzig
- mickrig
- klitzeklein
- niedlich
-
-
-

Eine feine Prinzessin ist ...

- elegant
- vornehm
- manierlich
- charmant
-
-
-

Ein spannendes Abenteuer ist ...

- actiongeladen
- fantastisch
- gefährlich
- aufregend
-
-
-

Eine ägyptische Grabstätte kann beschrieben werden als ...

- historisch
- verstaubt
- unheimlich
- hoch aufragend
-
-
-

Mir gefallen diese Adjektive ...

-
-
-
-
-
-
-
-

Meine Liebe ist wie eine rote, rote Rose ...
Damit der Leser eine genauere Vorstellung von dem bekommt, was du beschreibst, kannst du Vergleiche nutzen. So ist ein Monster vielleicht „so groß wie ein Wolkenkratzer" oder die Stimme einer Fee klingt „so hell wie ein Glöckchen". Versuche einmal, selbst einige Vergleiche zu schreiben.

Verben:
Diese Wortart drückt aus, was eine Figur tut, denkt oder fühlt, und gibt Auskunft über die Stimmung oder den Charakter einer Person.

Wenn ich wenig Zeit habe, muss ich ...

- mich beeilen
- hetzen
- schnell machen
- rennen

Wenn ich mit Freunden zusammen bin, kann ich ...

- lachen
- spielen
- toben
- schwatzen

Wenn ich ärgerlich bin, möchte ich ...

- schreien
- schmollen
- stampfen
- grimmig schauen

Vorsicht, Adverb!
Bei Adverbien handelt es sich um Wörter, die Verben beschreiben, z.B. eilig, laut oder plötzlich.

Adverbien lassen deine Sätze jedoch oft schwerfällig klingen. Wenn du interessante Verben verwendest, kannst du auf Adverbien verzichten und noch klarer ausdrücken, was du sagen möchtest. Statt: „Sie stand schnell von ihrem Stuhl auf und schrie laut" könntest du schreiben: „Sie sprang von ihrem Stuhl auf und brüllte."

Geschichten erzählen

Wenn du deine Geschichte detailreicher und eindringlicher gestalten möchtest, probiere verschiedene Stile und Erzählperspektiven aus, um die optimale Lösung zu finden.

Experimentiere mit deinen Sätzen.

Du kannst dieselbe Geschichte auf viele verschiedene Weisen erzählen. So könntest du z. B. schreiben:

Der Junge lief die Straße hinunter. Er wurde von einem Tiger verfolgt.

Oder du könntest schreiben:

Nach Atem ringend rannte der Junge die Straße hinunter. Der Tiger kam immer näher!

Oder du könntest den Satz so formulieren:

„Hilfe!", schrie Tom. Seine kurzen Beine rannten so schnell sie konnten. „Ein Tiger ist hinter mir her! Hilfe!"

Wörtliche Rede macht deine Geschichten dynamischer und verleiht deinen Figuren mehr Überzeugungskraft.

Alles in der Vergangenheit?

Ob du deine Geschichte in der Vergangenheit oder in der Gegenwart schreibst, beeinflusst ihre Wirkung wesentlich. Die meisten Geschichten sind in der Vergangenheit verfasst, weil das in der Regel die naheliegende Zeitform ist:

Es waren einmal drei Bären.

Die Gegenwart kann jedoch nützlich sein, insbesondere wenn du deine Leser in die Geschichte einbeziehen möchtest. So bekommen sie das Gefühl, dass sich die Handlung unmittelbar vor ihren Augen abspielt:

Ich gehe die Straße hinunter und bin völlig in Gedanken versunken, als plötzlich …

Vorsicht! Wenn du zwischen Zeitformen hin- und herwechselst, wird deine Geschichte verwirrend. Entscheide dich für eine Form und behalte sie bis zum Ende bei.

Perspektiven

Die „Stimme", mit der du deine Geschichte schilderst, wird als Erzähler bezeichnet. Je nachdem aus welcher Erzählperspektive du schreibst, kannst du ganz unterschiedliche Effekte erzielen.

„Ich/Wir"-Form = erste Person:

Als ich an diesem Morgen aufwachte, wusste ich nicht, welche Abenteuer auf mich warteten.

So wirkt die Geschichte sehr persönlich. Es gibt aber auch Nachteile. Der Ich-Erzähler kennt vielleicht nicht die ganze Geschichte und kann nur das erzählen, was dieser Person bekannt ist.

„Du"-Form = zweite Person:

Du weißt, dass es Ärger gibt, wenn dein Lehrer dir einen dieser strafenden Blicke zuwirft.

Diese Erzählperspektive ist ungewöhnlich, aber sie kann durchaus wirksam sein, um eine engere Verbindung zwischen dem Leser und dem Erzähler zu knüpfen, als würden sie die Handlung gemeinsam erleben.

„Er/Sie"-Form = dritte Person (Einzahl oder Mehrzahl):

Ein stämmiger Kerl stiefelte über das Deck. Die Zipfel seines karmesinroten Rocks flatterten in der Brise. Wo seine linke Hand hätte sein sollen, glänzte ein silberner Haken.

Hier schildert der Erzähler eine Szene beinahe so, als würde er einen Film ansehen. Diese Erzählperspektive ist der am häufigsten gewählte Blickwinkel. Du kannst dich in mehrere Figuren hineinversetzen und gibst gleichzeitig deinen Lesern die Gelegenheit, die Geschichte von unterschiedlichen Standpunkten aus zu erleben.

Kurze Kurzgeschichten

Wenn du deine Fantasie ein bisschen trainieren möchtest, kannst du einige Minigeschichten verfassen. Sie sollten, genau wie längere Geschichten, einen Anfang, einen Mittelteil und einen Schluss haben. Der einzige Unterschied liegt in ihrer Kürze, denn sie sollten auf eine einzige Seite oder in eine einzige Chat-Nachricht passen. Gerate also nicht ins Schwafeln, sondern wähle jedes Wort ganz gezielt.

Schreibe eine Miniversion einer Geschichte, die du gelesen hast. Wie kurz kannst du den Inhalt zusammenfassen, ohne Wesentliches auszulassen?

Verwende einen Gesprächsfetzen, den du aufgeschnappt hast, als Ausgangspunkt für eine Minigeschichte. Das Gespräch hast du vielleicht zu Hause, auf der Straße oder im Bus gehört.

Stelle dir vor, du begibst dich auf deine absolute Traumreise. Wie kommst du ans Ziel? Wen nimmst du mit? Wohin reist du und was würdest du vor Ort unternehmen?

Wähle eine Redewendung oder ein Sprichwort wie z.B. „Wenn Schweine fliegen könnten" als Aufhänger für eine Geschichte.

Denke an einen faszinierenden alten Gegenstand, den du in einem Schaufenster oder in einem Museum gesehen hast. Male dir aus, woher der Gegenstand stammt und wer ihn einmal besessen hat. Birgt seine Vergangenheit irgendwelche Geheimnisse?

Schreiben, schreiben, schreiben

Es stimmt nicht, dass einem das Talent zum Schreiben in die Wiege gelegt wird. Auch für diese Fähigkeit gilt: Übung macht den Meister – oder die Meisterin.

Hier findest du einige Tipps, wie du deinen Schreibstil verbessern kannst.

Bitte andere, deine Geschichten zu lesen und dir ihre Meinung dazu zu sagen, egal ob gut oder schlecht.

Führe ein Tagebuch. Schreibe, wenn du glücklich bist. Schreibe, wenn du traurig bist. Schreibe, wenn du nicht genau weißt, wie du dich fühlst. Schreibe deine Geheimnisse auf (und pass auf, dass sie auch geheim bleiben). Schreibe alle lustigen Sachen auf, die du hörst.

Gehe spazieren und erzähle dir selbst Geschichten über das, was du siehst.

Schreibe einen Blog über etwas, für das du dich besonders interessierst.

Schreibe die Fortsetzung einer Geschichte, die du gern gelesen hast. Was erleben die Figuren als Nächstes? Schreibe Fortsetzungen zu deinen eigenen Geschichten oder schreibe sie in Theaterstücke um.

Trage immer ein Notizbuch in der Tasche, damit du jede gute Idee sofort aufschreiben kannst. Wenn du Zeit hast, nimm dein Notizbuch und schreibe den ersten Gedanken auf, der dir in den Sinn kommt.

Schlage alle unbekannten Wörter, die du irgendwo liest, in einem Wörterbuch nach und verwende sie anschließend in deinen Geschichten.

Rede in der Schule mit Leuten, mit denen du noch nie gesprochen hast. Schreibe lange E-Mails an deine Freundinnen, Freunde und Familienangehörigen. Bitte Freundinnen, Freunde und Verwandte, dir etwas über ihr Leben zu erzählen. Finden sich in ihren Schilderungen gute Anfänge für neue Geschichten?

Male oder zeichne deine Gedanken.

Schreibe für die Schülerzeitung deiner Schule. Wenn es noch keine Zeitung gibt, könnest du vielleicht eine gründen.

Lies so viel wie möglich und schreibe Buchbesprechungen.

Danksagungen

In diesem Teil des Buches dankst du allen, die dir beim Verfassen in irgendeiner Weise behilflich gewesen sind. Eltern? Freundinnen und Freunde? Lehrerinnen und Lehrer? Treue Fans? Berühmte Schriftstellerinnen und Schriftsteller, die dich inspiriert haben? Bedanke dich an dieser Stelle bei ihnen:

Diese Leute haben ebenfalls mitgeholfen:

Die Autorinnen und Autoren der Aufgaben und Tipps in diesem Buch:

Louie Stowell

Megan Cullis **Alex Frith**

Susanna Davidson **Rob Lloyd Jones**

Kate Davies **Lesley Sims**

Die Illustratorin:
Katie Lovell

Die Gestalterin:
Suzie Harrison

Die Leute, die dafür gesorgt haben, dass alles zusammenpasst:

Ruth Brocklehurst **Jane Chisholm** **Jenny Tyler**

Übersetzung aus dem Englischen: Jutta Vogt
Redaktion der deutschen Ausgabe: Julia Hanauer und Birgit Zimmerer